Dealing with Feeling Series
兒童情緒管理系列①

# 我好生氣
# I'M MAD

Elizabeth Crary ◆ 著    Jean Whitney ◆ 繪圖

林玫君 ◆ 譯

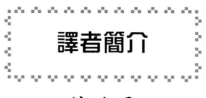

# 譯者簡介

## 林玫君

### 現任
國立臺南大學藝術學院院長
國立臺南大學戲劇創作與應用學系專任教授
International Journal of Education & the Arts 戲劇教育主編
Research in Drama Education（SSCI）編輯顧問
台灣戲劇教育與應用學會理事長

### 學歷
美國亞歷桑那州立大學課程與教學組學前教育博士
美國亞歷桑那州立大學戲劇教育碩士

### 經歷
國立臺南大學戲劇創作與應用學系創系主任
教育部幼兒園美感及藝術教育扎根計畫主持人
教育部幼托整合國家課綱美感領域主持人
教育部師資培育之大學藝術領域教學研究中心（中學組）設置計畫主持人
國立臺南大學幼兒教育學系教授兼系主任
香港幼兒戲劇教育計畫海外研究顧問
英國 Warwick 大學訪問學者
美國華府 George Mason 大學訪問學者

### 論文及譯／著作
**幼兒美感暨戲劇教育及師資培育等相關論文數十篇及下列書籍：**
《兒童戲劇教育之理論與實務》（著作，心理，2017）
《兒童戲劇教育：肢體與聲音口語的創意表現》（著作，復文，2016）
《幼兒園美感教育》（著作，心理，2015）
兒童情緒管理系列（譯作，心理，2003）
兒童問題解決系列（譯作，心理，2003）
兒童自己做決定系列（譯作，心理，2003）
《在幼稚園的感受：進森的一天》（譯作，心理，2002）
《創作性兒童戲劇入門：教室中的表演藝術課程》（編譯，心理，1995）
《創作性兒童戲劇進階：教室中的表演藝術課程》（合譯，心理，2010）
《酷凌行動：應用戲劇手法處理校園霸凌和衝突》（合譯，心理，2007）
《創造性戲劇理論與實務：教室中的行動研究》（著作，心理，2005）

# 譯者序

「情緒」是人類與生俱有的本能與特點，它是一種複雜又難以用言語形容的生理反應及心理感覺。無論對大人或兒童而言，如何了解及面對自己的情緒是一件重要的事。多數的人都能接受正面的情緒如快樂、高興、喜悅或驚喜；但許多負面的情緒如生氣、悲傷、害怕或焦慮等反應，卻讓人難以接受。因此，當我們聽到孩子哭的時候，常常急著平撫：「乖乖，不要哭。」再不然，就斥責小孩：「哭什麼哭，有什麼好哭的？」當耐心磨盡時，更會威脅著說：「再哭，我就叫警察來抓你了！」通常孩子會愈哭愈大聲，不然就是被迫停止哭泣，但心中的不解與情緒的震撼，始終未被適當地疏導或解決。勉強壓抑的情緒終究會繼續發生，就像是個不定時炸彈，不知何時又會爆發。

許多負面的情緒常是因著一些生活上的問題或衝突未獲解決而產生。在面對孩子的麻煩時，大人常常以簡化的方式來擺平問題，例如在家中或教室裡，我們常會聽到成人要肇事的孩子以「對不起」、「用說的」、或是「下次不可以這樣」來解決問題。而有些大人則認為，孩子應該學著去解決自己的問題，因此，當衝突發生時，就告訴孩子：「我不管，你們自己去處理。」問題是——大人從來沒有提供任何的引導，孩子怎麼知道他可以如何解決當下發生的問題？

從小就很少有人教導我們如何去面對、接受或處理一些複雜難過的情緒與問題。多數人一直被教導著要「知禮守份」，只要乖乖聽話或用功讀書就好，其他的一概不用管，也不需要學。在生活中，「生氣罵人」是大人的權利；而「害怕」、「哭泣」是小Baby的行為。當生氣難過時，我們已經習慣去壓抑這些大人所認為的「不恰當」反應；而當麻煩出現時，我們也學著去忽略或者簡單處理這一些問題。漸漸地，當我們成為父母、為人師表時，在面對孩子的情緒反應及問題行為的當下，我們也不自覺地運用同樣的方法去壓抑這些負面的情緒及生活中的問題。

在今日瞬息萬變的社會中，孩子更是提前面對各類複雜的情緒與問題。家長與教師在處理這些狀況時，不能再如以往，用逃避或壓抑的態度來面對，他們更需要提供孩子各類的機會去了解自己的情緒且學習如何解決因應而生的問題。本書作者Elizabeth Crary就針對這個部分的需要，提供她個人的專業經驗。作者利用故事情境，為成人及孩子提供一個互動討論的空間。透過故事中的替代經驗，孩子得以發現不同的情緒表達方式與不同的行動所產生的後果。除了直接的討論外，筆者也建議成人利用戲劇扮演的方式來引導幼兒。藉此，幼兒更能深刻體認劇中人物的遭遇，並藉此來探討與自己有關的情緒經驗和社會問題。

林玫君

**3**

# 情緒的處理

---

## 為什麼要寫一本與「生氣」有關的書？

許多家長常請我幫忙處理孩子生氣的問題。主要原因有二：一、很多人從小就被教導去忽略自己的感覺，而當他想要以不同的方式來養育自己的孩子時，實在不知道要怎麼辦。二、不論大人或小孩，常有生氣的感覺。因此，我們都需要學習如何處理這些情緒。

## 這本書怎麼幫助家長？

《我好生氣》這本書可以幫助孩子接受自己的情緒，且學習如何回應自己的情緒。

這本書示範家長如何運用建構的過程來處理孩子生氣的感覺。其中呈現一位家長如何以開放的態度和孩子討論感覺的過程。故事也為幼童提供各種不同的選擇，透過口語、肢體動作、及各種創意的方式，來表達自我的情緒。此外，本書也為一些想要改變自己，來回應孩子情緒的家長，提供正面示範。

## 要如何使用這本書呢？

如果能夠經常使用本書且時間夠長，它的效果會更好。如果只讀一、兩次，可能不會有太大的改變。但是你可以開始幫助孩子，將書中的故事轉換成現實生活中的真實情況。

### ▶ 幫助孩子分辨感覺和行動的不同

一起讀這本書，然後讓孩子決定其中的選擇方式，在每一頁的最後，你可以問孩子：「明美現在覺得怎麼樣？」「她下一步會怎麼做？」接著下一頁會有更多與情緒相關的討論。

### ▶ 介紹不同的選擇方案

孩子需要不同的方法來處理個別的情緒問題。這個故事提供了十一個不一樣的點子。當你讀完書的時候，可問孩子：「明美還可以怎麼做？」然後你可以把你孩子的反應寫在最後一頁的想法欄上。

### ▶ 以這本書為基礎來討論其他的情況

開始時可以討論一些發生在別人身上的事情。要孩子先認出當中的情緒，再討論他們所做的選擇。與孩子談話時，盡量避免用評斷的態度，可以幫助孩子用收集訊息的角度切入。

例如：有一個來家裡玩的小客人叫心怡，時間到了還不想回家，此時，我們可以問孩子：「該是回家的時候了，而心怡會有什麼感覺？她覺得很難過時，做了什麼事？後來又做了什麼事？」一些可能的回答如：「她不理會爸媽的要求，而且說『不。』」或是「她很不高興，而且不耐煩的說：『好吧。』」

當孩子面對別人的問題，能夠客觀地把感覺和行為分開討論時，你也可以同樣的態度，來討論孩子自己所做過的事情。

Elizabeth Crary

西雅圖／華盛頓

# 情緒和父母親的角色

身為一位老師或家長，你的角色就是要幫助孩子了解和處理自己的情緒問題。孩子的情緒需要得到認可；同時，他們也需要得到一些和情緒有關的訊息，及如何處理這些問題的方法。下面將一一說明：

———————

## 一、發展一套描述情緒的字彙

有時候孩子會為一些強烈的情緒所困擾。若想深入了解，最簡單的方式，就是開始為這些「情緒」命名。例如：

- 分享你的感覺：「我覺得很沮喪，因為我不小心把咖啡倒在地板上。」
- 跟孩子們一起閱讀與情緒有關的書，如本系列相關的書。
- 觀察他人的情緒，例如：「我打賭，他一定會以他得到 A⁺ 的成績自豪。」

此外，為孩子介紹用不同的語彙，來表達一些相關的情緒和感覺，例如：發火、生氣、惱怒、不安等字眼。

## 二、幫助孩子分辨情緒和行動的差別

了解情緒並沒有好壞之別。「感覺生氣」並不表示「好」或「不好」。但是「打人」卻是一種行為，「打人」就是不能被接受的。你可以說：「你生氣沒有關係，但是我不能讓你打妹妹。」

## 三、接受且強化孩子自己的情緒

大部分的人都已經被訓練成忽略或壓抑自己的情緒，例如女孩子常常被教導：「『生氣』不是女生該有的行為，那很不恰當。」而男孩子就會被教導「不可以哭」。你可以透過傾聽和回應，來認可孩子的任何感覺。單單傾聽就好，不要隨意做判斷，應該把兩件事分開處理。要記得，孩子的感覺是屬於他們自己的。

當你回應孩子的感覺時，例如：「你很生氣，因為心怡現在就得回家了！」你並不是想要去解決這個問題，而是透過回應來知會孩子的情緒狀態，進一步幫助他們處理自己的問題。

## 四、提供孩子多樣處理情緒的方法

如果大部分的孩子，能如你所意，用「說」的方式來表達自己的情緒，大人就省掉許多處理兒童情緒的麻煩了。但是孩子需要各式各樣的方式來反映自己的情緒，不論透過聽覺的、肢體的、視覺的、創造的、或者是自我安慰的方式。一旦孩子對各式各樣的情緒表達，有了親身的體驗後，你就可以問問他們喜歡運用哪一種方式。

例如：「你現在要生氣嗎？」「還是想要改變你的情緒？」如果你的孩子想要改變，你可以說：「那你要怎麼做呢？我們看看，你可以繞著那些積木跑來跑去，或者是寫一張卡片寄給心怡，或者談談這些感覺，或者讀你最喜歡的故事書。」在你為孩子提供這些不一樣的點子時，讓孩子選擇合乎自己需要的方法。基本上，所有的孩子都需要覺得自己的情緒被認可接受。

## 五、也請你溫柔地對待自己

記得哦，有一些問題很快就能夠被解決，而有些其他的問題，需要花上比較長的時間和反覆的練習。為你的孩子和自己所想要的目標，勾勒出一份長遠的計畫。在過程中可以不斷地提醒自己，你已經做的努力和進步。

明美一早起床就覺得很興奮。她抱抱狗狗「小花」，然後從床上跳起來，因為今天很特別。她要和爸爸一起去公園，要玩球、做很多好玩的事，而且還會野餐呢！

她覺得今天的天氣應該和自己想像的一樣好，它會是個陽光普照而且非常溫煦的天氣。明美跑到窗戶旁邊去看看。

可是當她看到窗外一大片又厚又黑的雲層時，她心裡想：「糟糕了！沒關係，我們一定還是可以去。雖然雲層很厚，但是應該沒什麼關係吧！」她跑去問爸爸。

爸爸愁眉苦臉地看著窗外的天氣。「爸爸！爸爸！我們今天可以去公園，對不對？」她非常期待地問著爸爸，「應該不會因為這一點雲層就不去了吧！是不是，爸爸？」

「慢點，明美，妳再看看窗外的雲層。」爸爸說。

她又跑到窗邊向外探頭「喔～糟糕了！」她驚叫！「下雨了！我最討厭下雨天！」她大叫。明美靜下來一會兒，然後問爸爸：「我們還是可以去，對不對？」

「不行啊，我們不能去了。」爸爸回答。

「喔～討厭，為什麼要下雨！爸爸我好氣喔，我真的好氣！好氣！好氣！」明美大叫。

「因為我們不能去公園，所以妳覺得既生氣又失望，對不對？妳今天本來計畫好要做的事，現在又要重新計畫了！」爸爸說。

「我才不需要做什麼新的計畫呢，我可以一直生氣而且當個討厭鬼。」明美回答。

「沒關係，妳可以生氣。如果想的話，妳可以整天都是這樣氣嘟嘟的！」爸爸又問了：「可是如果不想這樣一直生氣，還可以做些什麼事呢？」

明美回答：「我不知道。」

你覺得明美可以做什麼事呢？

聽聽孩子的意見，如果他們沒有意見的話，請你翻到下一頁。

9

「嗯，或許我可以幫妳找六件事情做，」爸爸說：「妳可以——

這樣子就有很多事可做了，妳想先試試看哪些方法？」

你覺得明美會先試哪個方式呢？

請翻到孩子所選的那個頁數上，如果沒有選擇任何方法，請翻到下一頁。

# 做一些體能運動

明美問爸爸：「什麼是體能運動呀？」

「就是用妳的身體做一些事情啊！譬如：用妳的腳大聲地用力地踏地、跺腳或者是在彈簧床上跳來跳去。很多人做了一些體能運動後，他的感覺就會好一點，他們就不會覺得這麼生氣了。」

「那我要來跺腳。」明美說。她一面繞著房間一面說：「我好生氣！我好生氣！我好生氣！」她只走了一下下就不跺了，忽然，她跳到爸爸面前說：「可是我現在還是很生氣耶！我現在該怎麼辦呢？」

「妳自己可以做決定啊！明美。妳想不想再聽爸爸的意見？」爸爸說。

「好啊。」她回答。

「妳可以跳一支生氣的舞，或者是敲打麵糰。」爸爸說。

你覺得明美會怎麼做呢？

# 敲打麵糰

「那我要去敲打麵糰。」明美說。「爸爸可不可以幫我把麵糰拿來？」

「麵糰來囉！」爸爸一面把麵糰拿給明美，一面清理桌子。「妳看可不可以將麵糰全部敲扁，讓它占滿整個桌子！」

明美開始把麵糰丟在桌上，然後用力把它打平。「這沒什麼用啊！」她埋怨地說。「我一直壓一直壓，可是還是很大的一坨啊！我現在更生氣了，好氣那片烏雲喔！還有好氣那些麵糰。」

「那再給妳個建議好嗎？」爸爸問。

「好啊！」她回答。

「妳可以把麵糰分成四坨。」爸爸解釋。「把這四坨麵糰，放到桌子的四個角落，然後開始把它們慢慢地壓扁，這樣妳就不需要用那麼大力，把一大坨麵糰壓平。」

明美聽了爸爸的意見，就把麵糰分成四坨，然後開始用力地把它往桌子的四個角落打，當她做好的時候，她叫：「爸爸快來看！」

「嘿！妳幾乎把麵糰蓋滿整個桌面了。」爸爸說：「妳現在覺得怎麼樣呀？」

「還是有一點氣耶！那我再來做一點事情好了。」

你覺得明美會做些什麼事呢？

# 談談自己的感覺

「小花、小花！」明美到處叫喊著她的小狗。小花一聽到明美的聲音就飛奔到她的身邊，舌頭一直舔明美的臉。

「小花，為什麼會這樣？」明美緊抱著小花對牠講話：「我告訴你，我好生氣喔，我好氣雨天哦！我好氣爸爸沒有帶我去公園，你說我該怎麼做呢？」

「汪！汪！」小花蹦蹦跳跳地繞著明美直打轉。

「你覺得我應該告訴爸爸我的感覺嗎？」她問。小花看著她，「好吧！我會這麼做的。」她說。

明美跑回爸爸的身邊。「爸爸，我還是很生氣喔，我好氣雨天，也好氣你，因為你不帶我去公園！」

爸爸說：「那我們來搞清楚為什麼生氣。妳想去公園，因為我沒帶妳去，所以妳很生氣？」

「是啊，」明美又說了：「我想跟你一起做些好玩的事啊！」

（請翻到第 26 頁。）

# 唱一首消氣的歌

明美說：「我們來唱一首消氣的歌好了。」

爸爸問：「那妳知道有哪幾首嗎？」

「沒有啊，我想你知道吧！」明美回答。

「那我們來編一首自己的歌，」爸爸坐到鋼琴邊說：「妳想到要怎麼唱了嗎？」

「好氣喔！好氣的感覺快點滾開吧！」明美一面喃喃地唱著。

「好吧！那這樣子聽起來怎麼樣？」爸爸開始彈划船歌，然後一面唱：「生氣！好生氣！生氣趕快走！生氣！生氣！生氣！」

明美再加這一句：「我再也不想要你。」

爸爸就用「我今天受夠了。」來結束這首歌，「我們一起再來唱一遍吧。」爸爸建議著。

> 生氣！好生氣！生氣趕快走，
> 我再也不想要你，我今天受夠了。

「嘿～真的有效耶！我再也不生氣了！可是呢，我還想要編一支生氣的舞，可不可以啊爸爸？」明美問。

「當然可以啊！」爸爸微笑地回答。

（請翻到第 28 頁。）

**18**

19

# 找人幫忙

「爸爸，當我很生氣的時候，要怎樣才能使自己不生氣呢？」

「嗯，我們實在該好好地想想，或者妳應該多去問幾個人，收集一下其他人的意見。」爸爸思索地回答。「倩萍姐姐住在隔壁，文慧阿姨現在也在家裡，妳或許可以聽聽她們兩人的意見。」

明美想了一會兒，然後打電話給她的阿姨。「文慧阿姨，我好生氣喔！我本來想要和爸爸去公園玩，可是一直在下雨，我需要有人給我一點建議，使我不生氣。」

文慧阿姨回答：「好呀，我告訴妳可以怎樣做，才能讓妳比較不生氣。當我很氣的時候，我會去洗個很舒服的泡泡澡。溫暖的水感覺很棒，它把我不愉快的感覺全部都洗掉了。如果生氣時不在家，那我就會想像那件讓我生氣的事情，已經慢慢地從我身邊飄開。」

「那你是怎麼做的呢？」明美問。

「我把生氣的感覺吹到氣球裡，把氣球吹得滿滿的，慢慢看著它飄走，生氣的感覺就會跟氣球一樣不見了。」

「謝謝妳！文慧阿姨，聽起來很棒耶！」最後明美掛斷電話。

你覺得明美會怎麼做呢？

# 洗掉生氣的感覺

明美很想要洗個熱水澡。

「我現在可不可以去洗個熱水澡啊？」她問爸爸。

「要不要幫妳開熱水呀？」爸爸問。

「好啊！」她回答。然後就跑去找洗澡用的泡泡肥皂。

明美跳到浴盆裡，那些泡泡跑到她的下巴，她可以感覺到那些熱熱的水，把她生氣的感覺洗掉了。

當她洗完澡，穿好衣服後，跑去找爸爸。爸爸問：「我的小女兒，妳現在覺得怎樣啊！還是覺得很氣嗎？」

「沒有，真的有效耶！我現在覺得不生氣了，可是我還想和你一起做些特別的事耶，好不好？」她問。

「好啊，那妳想做些什麼事呢？」

（請翻到第 30 頁。）

# 讓生氣的感覺飄走

明美找到一個氣球，她開始吹氣球，可是氣球文風不動。她又再試了一次，可是還是一動也不動。她又更努力地吹了一次，可是氣球還是吹不起來。「這樣子不行啊，」她想。「我是要讓生氣的感覺飄走，可是現在好像越來越生氣了。讓我想想該怎麼辦呢？我可以不吹，或是找人來幫忙！」

明美決定去找爸爸來幫她吹氣球。「爸爸，我想把生氣的感覺全部吹到氣球裡，可是我不知道該怎麼吹，你可不可以幫我的忙？」

「很樂意啊！」爸爸回答。爸爸開始吹氣球，並讓明美接著吹，當明美把氣球吹滿後，爸爸幫它打一個結。「然後呢，現在要怎麼做呢？」爸爸問她。

「我會秀給你看的，跟我來。」她邀請爸爸一起來。明美把氣球拿到外面垃圾桶，把蓋子打開，然後說：「我要把生氣的感覺丟在裡面。」她把氣球丟進去並把蓋子蓋起來。「好啦！現在生氣的感覺都走了。」

「嗯～很聰明喔！那妳今天還想不想做些什麼事呢？」爸爸問。

（請翻到第 30 頁。）

# 計畫一些有趣的事

爸爸陷入沉思：「那我們要做什麼呢？我們可以計畫一件有趣的事情，幫妳把生氣的感覺趕走。現在，如果我是個魔術師，那妳會跟我要什麼呢？」

「我要跟你要個咒語，那個咒語可以把生氣的感覺弄不見。」明美很興奮地回答。

「我看看。」爸爸說。他拿起一本書假裝要找一個檔案：「是用唸出來的咒語，還是做出來的咒語？」

明美笑嘻嘻地說：「兩個都要。」

「書上寫著，最好的咒語就是唱一首消氣的歌或是跳一支生氣的舞，這兩個方法都是有效的。」

「可是爸爸，我不知道什麼是消氣的歌，而且我也不會跳生氣的舞。」

「這好解決，那妳想要從哪個開始呢？」爸爸問。

你覺得明美會怎麼做呢？

# 跳一支生氣的舞

「爸爸，那要怎麼跳一支生氣的舞呢？」明美問。

「我也不知道，那我們自己編一支好了。」爸爸回答。他跑到音響旁邊放了一卷軍隊進行曲的錄音帶。「我們該怎麼開始呢？」爸爸問。

「我們可以一直跺腳一直跺腳，一直到很生氣的感覺不見，然後我們還可以轉幾個圈。」明美決定要這樣做。

「好，我們可以一直跺腳，然後開始轉圈。但我們兩個要做一樣的動作，還是要做不一樣的呢？」爸爸說。

「你跟著我做一樣的動作，而且如果我做個生氣的鬼臉，那你就要跟著我做喲，然後我們可以輪流交換。」

明美領著爸爸，在房間裡到處繞圈圈，一面跺腳一面拍手，爸爸跟在她的後面做，最後她停下來了，說：「爸爸輪到你來帶我做了。」

這一次輪到爸爸，又是跺腳又是轉圈的，他一直轉一直轉，越轉越多，當音樂結束的時候，明美轉得頭好暈喔，結果摔到地板上，一面哈哈大笑。

「很好玩耶。」她笑著說。「在跳完這一支舞後，我再也不會生氣了，但我想要再做點好玩的事情。」

**28** （請翻到第 30 頁。）

# 假裝去野餐

「爸爸，我們可不可以來個假裝的野餐。」

「當然可以啊！」他回答。

「或許這是一個真的室內野餐喔！」明美說。

「好啊！親愛的，我們有很多食物，我們該做的事情就是先把它準備好，然後裝到我們的野餐籃子裡。」爸爸說。

「那我們現在就去把它們裝起來吧！」明美高興地立刻回答。

明美跟爸爸一起做了一個三明治和檸檬汁，然後他們就開始打包食物、一些紙盤和野餐籃裡需要的東西。當午餐準備好的時候，明美說：「我還要畫一些圖畫，假裝那裡是公園。」

當明美畫好了，爸爸就把圖畫掛在牆上。他們提著野餐籃打算吃午餐，討論應該要找個風景比較優美的位置。最後，他們決定要坐在有湖水的那幅圖畫旁邊。

明美對爸爸說：「這真的就像在公園裡野餐一樣好玩耶！」

「沒有去公園我一點都不生氣了，原來我真正想要的，就是跟爸爸在一起做好多好玩的事！」

（結束）

30

# 想法攔

**明美的想法**

- ✔ 大叫可是仍然很生氣
- ✔ 用力踩腳
- ✔ 敲打麵糰
- ✔ 談談自己的感覺
- ✔ 唱一首消氣的歌
- ✔ 找人幫忙
- ✔ 洗掉生氣的感覺
- ✔ 把感覺吹到氣球裡
- ✔ 計畫一些有趣的事
- ✔ 跳一支生氣的舞
- ✔ 假裝去野餐

**你的想法**

- ✎ _____
- ✎ _____
- ✎ _____
- ✎ _____
- ✎ _____
- ✎ _____
- ✎ _____
- ✎ _____
- ✎ _____
- ✎ _____
- ✎ _____
- ✎ _____
- ✎ _____
- ✎ _____
- ✎ _____
- ✎ _____
- ✎ _____

32

兒童情緒管理系列 52010

# 我好生氣

作　　者：Elizabeth Crary
插　　畫：Jean Whitney
譯　　者：林玫君
總 編 輯：林敬堯
發 行 人：洪有義
出 版 者：心理出版社股份有限公司
地　　址：231 新北市新店區光明街 288 號 7 樓
電　　話：(02) 29150566
傳　　真：(02) 29152928
郵撥帳號：19293172　心理出版社股份有限公司
網　　址：http://www.psy.com.tw
電子信箱：psychoco@ms15.hinet.net
駐美代表：Lisa Wu（lisawu99@optonline.net）
排 版 者：博創印藝文化事業有限公司
印 刷 者：博創印藝文化事業有限公司
初版一刷：2003 年 1 月
初版十三刷：2019 年 5 月
Ｉ Ｓ Ｂ Ｎ：978-957-702-549-4（全套）
定　　價：新台幣 650 元（全套六冊，不分售）

# 解決社會問題……

**兒童問題解決系列** 教導兒童思考他們所遇到的問題。每個互動性的故事可讓讀者選擇主角的行動，並且知道結果為何。適用年齡為三至八歲。

本系列由 Elizabeth Crary 撰寫， Marina Megale 繪圖，林玫君翻譯。

**52021** 美美和咪咪都想玩小貨車

**52022** 小珍不喜歡被小迪叫笨蛋

**52023** 宗凱不想一個人玩，他想和別人一起玩

**52024** 修文的媽媽準備要出門，他感到難過又害怕

**52025** 琪美正在玩跳跳床，小志也想玩，他等不及了！

**52026** 佳佳和爸爸在動物園走失了，她很擔心找不到爸爸

# 應付強烈的情緒……

**兒童情緒解決系列**　介紹六種強烈的情緒。孩子可以從書中發現安全且具有創造性的方式來表達這些情緒。每個互動性的故事可讓讀者選擇主角的行動，並且知道結果為何。適用年齡為三至九歲。

本系列由 Elizabeth Crary 撰寫，Jean Whitney 繪圖，林玫君翻譯。

**52011** 我好生氣

**52012** 我好沮喪

**52013** 我好得意

**52014** 我好害怕

**52015** 我好興奮

**52016** 我好氣憤

# 解決人際關係的困擾……

**兒童自己做決定系列**　　教導兒童去思考他們和其他兒童相處時可能遇到的問題。每個互動性的故事都可讓讀者選擇主角的行動，並且知道結果為何。適用年齡為五至十歲。本系列由 Elizabeth Crary 撰寫，Susan Avishai 繪圖，林玫君翻譯。

**52031**　有人偷了心怡的醃黃瓜，她該怎麼辦呢？

**52032**　小威需要安靜，他的妹妹想要玩——現在，他該怎麼辦？

**52033**　芳芳的一個同學總是從她頭上搶走她的帽子，她該怎麼辦？

---

### 52005　在幼稚園的感受：進森的一天

　　讓我們跟著進森走入他的幼稚園，去體驗一個四歲大的孩子，在學校一天生活中可能發生的狀況與感受，包含生氣、驕傲、及各種複雜的心情。透過老師的幫忙，進森慢慢練習用言語來表達他的感受。老師可以試著拿進森的例子和幼兒討論他們的感覺。在學前的階段，如何妥善表達及處理自己的感覺是非常重要的學習經驗。

　　本書由 Susan Conlin 與 Susan Levine Friedman 撰寫，M. Kathryn Smith 繪圖，林玫君翻譯。